VÍA CRUCIS PARA NIÑOS

P. Enrique Escribano

Segunda edición
Guayaquil, Ecuador, 15 de julio de 2020
Versión 4.23

Shoreless Lake Press

© 2020 Shoreless Lake Press
ISBN 978-1-953170-01-9
Ninguna parte de esta publicación puede ser reproducida por ningún medio sin el previo permiso por escrito del poseedor de los derechos.

INICIO DEL VÍA CRUCIS

Si te ayuda alguien (tus papás o abuelos) sólo tienes que rezar lo que esté en letra *inclinada*. Si rezas solo lee todo.

-Se comienza frente al altar-

† Por la señal de la Santa Cruz, de nuestros enemigos líbranos, Señor, Dios nuestro. En el nombre del Padre y del Hijo y del Espíritu Santo. Amén.

Jesús, que meditar tu Pasión y Muerte nos anime a tomar la cruz de cada día y nos ayude a aumentar nuestra amistad.
Amén.

Señor mío Jesucristo, Dios y hombre verdadero, Creador, Padre y Redentor mío; por ser Vos quien sois, Bondad infinita, y porque os amo sobre todas las cosas, me pesa de todo corazón haberos ofendido; también me pesa porque podéis castigarme con las penas del infierno. Ayudado de vuestra divina gracia propongo firmemente nunca más pecar, confesarme, y cumplir la penitencia que me fuere impuesta. Amén.

-Ir a la primera estación-

PRIMERA ESTACIÓN
Jesús sentenciado a muerte

- Te adoramos, Cristo, y te bendecimos.
- *Porque con tu Santa Cruz redimiste al mundo.*

"Pilato les dijo: ¿Y qué hago con Jesús, llamado el Cristo? Todos contestaron: ¡Que sea crucificado!" (Mateo 27, 22).

Jesús no había hecho nada malo, pues todo lo hizo bien: pasó haciendo el bien entre los suyos, curando a los enfermos, sanando a los endemoniados, perdonando a los pecadores, pero fue condenado a muerte.

Hay cosas que no se pueden comprender, pero Jesús las aceptó cumpliendo la voluntad del Padre, siendo obediente hasta la muerte y muerte de cruz.

Nosotros deberíamos ser obedientes a la voluntad de Dios, que se manifiesta a través de nuestros padres, aunque a veces no los comprendamos. No se trata de no meterse en problemas sino de demostrarle a Dios que lo amamos imitando su obediencia.

Padre nuestro, que estás…
Dios te salve María, llena eres…
Gloria al Padre, al Hijo y…

-Ir a la segunda estación-

SEGUNDA ESTACIÓN
Jesús es cargado con la cruz

- Te adoramos, Cristo, y te bendecimos.
- *Porque con tu Santa Cruz redimiste al mundo.*

"Jesús llevaba la cruz a cuestas y salió a un lugar llamado la Calavera, en hebreo Gólgota" (Juan 19, 17).

Podemos imaginar lo cansado que estaba Jesús después de que lo coronaran con espinas y lo azotaran, pero tuvo que cargar una pesada cruz. Realizó ese sacrificio por nosotros. Él nos mostró lo que es la virtud de la fortaleza.

Nosotros también hemos de sufrir estudiando cuando no tenemos ganas. Es un sacrificio que debemos hacer bien, para poderle ofrecer a Jesús un trabajo bien hecho, pensando en agradarle, no dejando las tareas para el último momento o haciéndolas de prisa y mal.

Cargando este peso de la cruz con alegría le quitamos un poquito de peso a la cruz de Jesús.

Padre nuestro, que estás…
Dios te salve María, llena eres…
Gloria al Padre, al Hijo y…

-Ir a la tercera estación-

TERCERA ESTACIÓN
Jesús cae la primera vez debajo de la cruz

- Te adoramos, Cristo, y te bendecimos.
- *Porque con tu Santa Cruz redimiste al mundo.*

"Eran nuestros sufrimientos los que llevó, eran nuestros dolores los que cargó" (Isaías 53, 4).

Jesús aguantó el peso de la cruz hasta que fue imposible mantenerla más y cayó al suelo con la cruz. Su alma era fuerte pero su cuerpo no aguantaba más.

Nosotros, en cambio, somos débiles de alma: a veces nos portamos mal, nos peleamos, nos llenamos de coraje o de envidia, y caemos en el pecado. Deberíamos, con la ayuda de Dios, aguantar con todas nuestras fuerzas para no caer en la tentación, para portarnos bien, para no pelearnos ni sentir envidia o coraje, y demostrarle a Jesús que nuestro amor a Él es sincero.

Padre nuestro, que estás…
Dios te salve María, llena eres…
Gloria al Padre, al Hijo y…

-Ir a la cuarta estación-

CUARTA ESTACIÓN
Jesús encuentra a su afligida madre

- Te adoramos, Cristo, y te bendecimos.
- *Porque con tu Santa Cruz redimiste al mundo.*

"Simeón dijo a María, su madre: A ti, una espada te atravesará el alma" (Lucas 2, 35).

Debió de producirle mucho dolor a Jesús el ver a su Madre sufriendo profundamente. Jesús no quería hacer sufrir a su Madre y por eso siempre se portó bien.

Los sufrimientos de su Madre nunca fueron porque Jesús se portara mal, sino porque nosotros nos portamos mal con Él. Nosotros somos los que hacemos sufrir a Jesús y a su Madre.

Nosotros también podemos llegar con frecuencia a hacer sufrir a nuestros padres portándonos mal. Siempre deberíamos portarnos bien y además, tratarlos con amabilidad, respeto y cariño.

Padre nuestro, que estás…
Dios te salve María, llena eres…
Gloria al Padre, al Hijo y…

-Ir a la quinta estación-

QUINTA ESTACIÓN
Simón ayuda a Jesús a llevar la cruz

- Te adoramos, Cristo, y te bendecimos.
- *Porque con tu Santa Cruz redimiste al mundo.*

"A uno que pasaba por ahí, Simón de Cirene, que volvía del campo, le forzaron a llevar la cruz de Jesús" (Marcos 15, 21).

Simón ayudó a Jesús a llevar la cruz. No era su cruz pero ayudó a Jesús cuando Él ya no podía.

A veces, hay que cargar la cruz de los demás, hay que saber vivir la caridad, el amor a los demás, porque en ello también estamos ayudando a Jesús.

No debemos ser egoístas. Muchas veces en la casa surgen tareas y debemos estar siempre dispuestos a ayudar a los demás, aunque esa no sea nuestra obligación. Se ayuda a quien se ama.

Padre nuestro, que estás…
Dios te salve María, llena eres…
Gloria al Padre, al Hijo y…

-Ir a la sexta estación-

SEXTA ESTACIÓN
La Verónica limpia el rostro de Jesús

- Te adoramos, Cristo, y te bendecimos.
- *Porque con tu Santa Cruz redimiste al mundo.*

Verónica se acercó a Jesús con un paño para secarle el sudor y la sangre. En la tela quedó milagrosamente marcado su rostro (Tradición).

Cuando la Verónica puso un paño sobre la cara del Señor quedó marcado su rostro en aquel paño. Era un fiel reflejo del rostro de Jesús. Era su verdadero rostro, el de quien dijo de sí mismo "Yo soy la verdad".

En cambio Jesús dijo que el demonio es el padre de la mentira, el padre de todos los mentirosos.

Nosotros, a veces escondemos nuestro verdadero rostro para engañar o mentir, de modo que con nuestras palabras ocultamos la verdad. Deberíamos decir siempre la verdad, ser sinceros, especialmente cuando cuesta serlo. Así nos pareceremos a Jesús.

Padre nuestro, que estás…
Dios te salve María, llena eres…
Gloria al Padre, al Hijo y…

-Ir a la séptima estación-

SÉPTIMA ESTACIÓN
Jesús cae la segunda vez con la cruz

- Te adoramos, Cristo, y te bendecimos.
- *Porque con tu Santa Cruz redimiste al mundo.*

"Desde la planta de los pies hasta la cabeza no hay nada sano; heridas que no han sido cerradas ni vendadas ni aliviadas" (Isaías 1, 6).

La debilidad física de Jesús lo hizo caer por segunda vez. Sus caídas nunca fueron por su mal comportamiento.
Nosotros, en cambio, debemos llevar cuidado porque podemos caer en el pecado, por ejemplo, cogiendo sin permiso cosas que no me pertenecen, o no devolviendo lo que me prestaron, o hablando mal de alguien robándole así la buena fama.
Deberíamos ser respetuosos con las cosas de los demás y como consecuencia de nuestro verdadero amor a ellos respetar siempre lo que no es nuestro.

Padre nuestro, que estás…
Dios te salve María, llena eres…
Gloria al Padre, al Hijo y…

-Ir a la octava estación-

OCTAVA ESTACIÓN
Las mujeres de Jerusalén lloran por Jesús

- Te adoramos, Cristo, y te bendecimos.
- *Porque con tu Santa Cruz redimiste al mundo.*

"Muchas mujeres lloraban y se lamentaban por Él. Jesús volviéndose a ellas les dijo: Hijas de Jerusalén, no lloren por Mí" (Lucas 23, 27-28).

Jesús, a pesar de sus sufrimientos, quiso tratar a todos sus amigos con delicadeza dado su cariño a todos nosotros. Por ello, consolaba a las santas mujeres para que pudieran soportar las dificultades.

Nosotros debemos tratar a nuestros amigos, compañeros y hermanos con delicadeza y cariño, saber consolarlos en sus dificultades, ayudarlos en sus problemas, animarlos ante las contrariedades. Nunca deberíamos usar la boca para las malas palabras, pero sí para decir con nuestras palabras que estamos siempre con ellos porque los queremos. Jesús sabrá que puede contar con nosotros.

Padre nuestro, que estás…
Dios te salve María, llena eres…
Gloria al Padre, al Hijo y…

-Ir a la novena estación-

NOVENA ESTACIÓN
Jesús cae por tercera vez con la cruz

- Te adoramos, Cristo, y te bendecimos.
- *Porque con tu Santa Cruz redimiste al mundo.*

"Fue maltratado y Él se dejó humillar y no dijo nada" (Isaías 53, 7).

De nuevo, Jesús cae, pero ya sabemos que no por debilidad de su alma, sino por debilidad física.

Nosotros, sin embargo, si nos dejamos vencer por la pereza, caeremos en un sillón, en una cama, en cualquier sitio con tal de no hacer nada. Esta debilidad del alma nos lleva a no luchar por nada.

Debemos, pues, vivir la virtud de la fortaleza, siempre dispuestos a ayudar a los demás: ayudar en la casa, ayudar a los compañeros o amigos, ayudar a nuestros hermanos, abuelos y papás.

Padre nuestro, que estás…
Dios te salve María, llena eres…
Gloria al Padre, al Hijo y…

-Ir a la décima estación-

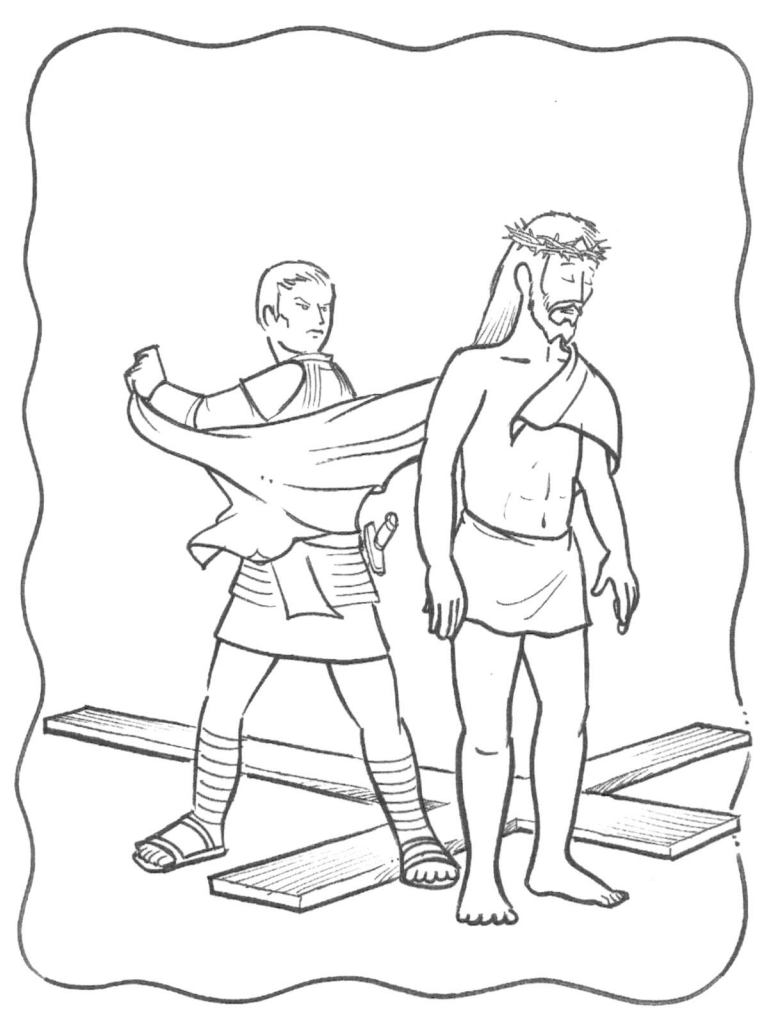

DÉCIMA ESTACIÓN
Jesús es despojado de sus vestiduras

- Te adoramos, Cristo, y te bendecimos.
- *Porque con tu Santa Cruz redimiste al mundo.*

"Los soldados tomaron sus vestidos e hicieron con ellos cuatro partes, una para cada soldado, y la túnica" (Juan 19, 23).

A Jesús le quitaron los últimos bienes materiales que le quedaban, su propia ropa. Con ello, nos dio ejemplo de pobreza y desprendimiento.

Nosotros debemos saber ser desprendidos: saber entregar nuestras cosas, saber prestar a los demás lo que sabemos que les gusta, incluso aunque no nos lo hayan pedido.

Hemos de saber ser generosos con los demás, con nuestras cosas o incluso con nuestro tiempo.

Padre nuestro, que estás…
Dios te salve María, llena eres…
Gloria al Padre, al Hijo y…

-Ir a la undécima estación-

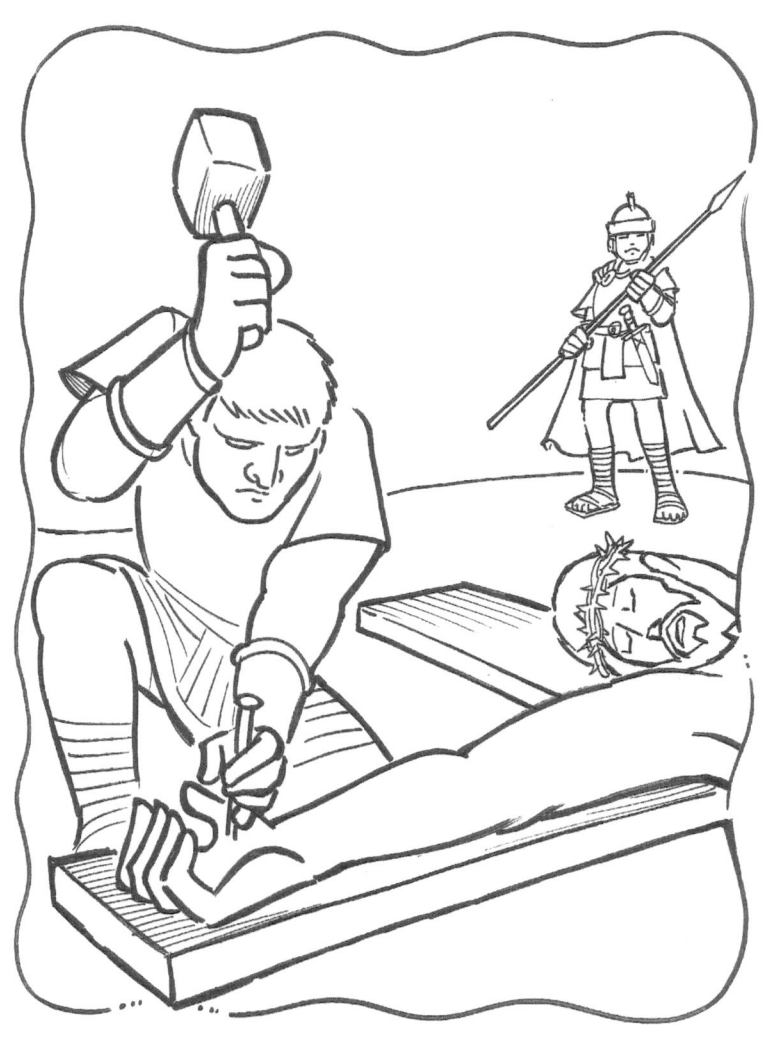

UNDÉCIMA ESTACIÓN
Jesús es clavado en la cruz

- Te adoramos, Cristo, y te bendecimos.
- *Porque con tu Santa Cruz redimiste al mundo.*

"Cuando llegaron al lugar llamado Calvario crucificaron allí a Jesús. Y dijo: Padre, perdónales, pues no saben lo que hacen" (Lucas 23, 33-34).

Recuerda que cada vez que vas a la Santa Misa asistes a la crucifixión de Jesús.

No asistas nunca a la Santa Misa con desgana, no llegues tarde ni te comportes mal, sino que debes prestar atención, porque es Jesús el que está crucificado.

No dejes nunca los domingos la Santa Misa por pereza, por jugar, por fiestas, por dormir, o porque te retrasaste en hacer las tareas del colegio o de la casa.

Si un amigo da la vida por ti no puedes darle la espalda a tanto amor. Él espera encontrarte. Debes saber organizarte para no faltar a la Santa Misa sin dejar otras obligaciones.

Padre nuestro, que estás…
Dios te salve María, llena eres…
Gloria al Padre, al Hijo y…

-Ir a la duodécima estación-

DUODÉCIMA ESTACIÓN
Jesús muere en la cruz

- Te adoramos, Cristo, y te bendecimos.
- *Porque con tu Santa Cruz redimiste al mundo.*

"Jesús, gritando, dijo: En tus manos encomiendo mi espíritu.
Y diciendo esto expiró" (Lucas 23, 46).

Jesús murió por nuestros pecados, dándonos la oportunidad de salvarnos.

Por ello, cuando nos acercamos al sacramento de la Confesión, nos puede parecer sencillo que se borren todos nuestros pecados, pero sólo porque Él pagó primero por todos ellos.

No podemos quitarle importancia a nuestros pecados cuando Dios dejó su sangre en una cruz para que se pudiesen borrar.

No podemos despreciar tan gran regalo de Dios. Acerquémonos con frecuencia al sacramento de la Confesión para tener un alma limpia tal y como es la de Jesús.

Padre nuestro, que estás…
Dios te salve María, llena eres…
Gloria al Padre, al Hijo y…

-Ir a la decimotercera estación-

DECIMOTERCERA ESTACIÓN
Jesús es bajado de la cruz

- Te adoramos, Cristo, y te bendecimos.
- *Porque con tu Santa Cruz redimiste al mundo.*

"Bajándolo de la cruz, lo envolvieron en una sábana" (Lucas 23, 53).

Jesús estuvo en los brazos de su Madre cuando nació y cuando murió, en los momentos más alegres y en los más dolorosos. Siempre amó a su Hijo Jesús, así como Él también quiere mucho a su mamá, la Virgen María.

Nosotros también deberíamos querer mucho a la Virgen María, conversar con Ella y rezarle.

Como nuestra Madre del cielo, Ella nos cuidará para que estemos, tanto en los momentos más alegres como en los más dolorosos, siempre en sus brazos.

Debemos parecernos a Jesús para permitirle, como buenos hijos, que nos abrace siempre y nosotros la abracemos a Ella.

Padre nuestro, que estás…
Dios te salve María, llena eres…
Gloria al Padre, al Hijo y…

-Ir a la decimocuarta estación-

- 30 -

DECIMOCUARTA ESTACIÓN
Jesús colocado en el sepulcro

- Te adoramos, Cristo, y te bendecimos.
- *Porque con tu Santa Cruz redimiste al mundo.*

"Lo pusieron en un sepulcro nuevo, excavado en la roca; y rodaron una piedra grande a la puerta" (Mateo 27, 60).

El cuerpo de Jesús fue puesto en un sepulcro, porque algo tan santo como el cuerpo de Cristo debe estar bien guardado.

Cuando comulgas Jesús es sepultado en tu boca, recibiendo el Cuerpo de Cristo, pero también todo lo que Él es: su humanidad y su divinidad. Aunque las apariencias sean de pan, se trata del mismo Jesús: el que nació en Belén y el que murió en la cruz.

Al recibir algo tan santo no debes hacerlo con rutina, con distracciones, sin ilusión o sin el alma limpia.

Deberías recibirlo con frecuencia porque lo amas, con atención porque lo quieres, con ilusión porque es tu vida, con un corazón limpio porque disfrutará contigo el amigo que tanto te quiere.

Padre nuestro, que estás…
Dios te salve María, llena eres…
Gloria al Padre, al Hijo y…

-Ir al altar mayor-

"Al Hijo del hombre lo matarán y
al tercer día resucitará" (Lucas 18, 33)

CONCLUSIÓN

Por las cinco llagas de Jesucristo:

-Repetir cinco veces-

Padre nuestro, que estás…
Dios te salve María, llena eres…
Gloria al Padre, al Hijo y…

-Fin-

* * *

¡Acabas de terminar el Vía Crucis!
¡Ahora debes vivirlo en tu vida!

¿QUÉ ES EL VÍA CRUCIS?

"Vía Crucis" significa en latín "Camino de la Cruz". Se trata de un camino en el que nosotros acompañamos a Jesús en sus sufrimientos desde donde fue condenado a muerte hasta el Monte Calvario, donde murió en la cruz por nuestra salvación. Los acontecimientos particulares que le sucedieron a Jesús en ese camino se representan con 14 imágenes de la Pasión, llamadas "Estaciones", que recorremos junto a Él.

NÚMEROS ROMANOS

En las estaciones se usan números romanos. Ten presente la siguiente guía, para saber en qué número de estación estás:

I = 1 = Primera estación.
II = 2 = Segunda estación.
III = 3 = Tercera estación.
IV = 4 = Cuarta estación.
V = 5 = Quinta estación.
VI = 6 = Sexta estación.
VII = 7 = Séptima estación.
VIII = 8 = Octava estación.
IX = 9 = Novena estación.
X = 10 = Décima estación.
XI = 11 = Undécima estación.
XII = 12 = Duodécima estación.
XIII = 13 = Decimotercera estación.
XIV = 14 = Decimocuarta estación.

TEMAS EN LA REFLEXIÓN DE LAS ESTACIONES

Primera: Obediencia.
Segunda: Sacrificio.
Tercera: Lucha contra la tentación.
Cuarta: Amar a los papás.
Quinta: Generosidad.
Sexta: Sinceridad.
Séptima: Respetar los bienes ajenos.
Octava: Amor al prójimo.
Novena: Fortaleza.
Décima: Desprendimiento.
Undécima: Santa Misa.
Duodécima: Confesión.
Decimotercera: Virgen María.
Decimocuarta: Comunión.

ORACIÓN

Alma de Cristo, santifícame.
Cuerpo de Cristo, sálvame.
Sangre de Cristo, embriágame.
Agua del costado de Cristo, lávame.
Pasión de Cristo, confórtame.
Oh buen Jesús, óyeme.
Dentro de tus llagas, escóndeme.
No permitas que me aparte de Ti.
Del maligno enemigo, defiéndeme.
En la hora de mi muerte, llámame
y mándame ir a Ti,
para que con tus santos te alabe,
por los siglos de los siglos. Amén.

www.ingramcontent.com/pod-product-compliance
Lightning Source LLC
Chambersburg PA
CBHW060413080526
44583CB00012B/555